RHODOPE,

OU

L'OPERA PERDU.

COMEDIE-BALLET

En trois Actes, précedez d'un
PROLOGUE.

A LA HAYE,

Chez ANTOINE van DOLE,

MDCCXXXVII.

AVERTISSEMENT.

ON n'a jamais contesté au Théatre de l'Opera, le droit d'embellir les objets qu'il offre aux yeux. Le Dieu Pan, le Centaure, le Ciclope Polipheme, les Syrenes, la vieille Cybele, y perdent la difformité que les Fables leur donnent; pourquoi celle d'Esope, aussi fabuleuse que la leur, n'auroit-elle pas le privilege d'y disparoître, ou du moins d'y être un peu adoucie?

Il est fâcheux que dix-sept ou dix-huit Siécles après celui auquel Esope a vécu, un Moine Grec, Editeur de son Ouvrage, dans son histoire qu'il mit au-devant, se soit avisé d'en faire un monstre, & cela, de sa seule autorité; puisque de tous ceux qui en ont parlé avant lui, & qui plus près de son tems devoient être mieux informez, aucun n'a fait mention de sa laideur prétenduë, & qu'au contraire, dans un Fragment d'un très ancien manuscrit Grec de sa vie, on le trouve dépeint d'une forme toute différente, & avec tous les agrémens capables de le faire aimer.

On y lit même qu'il devoit son nom à la vivacité de ses yeux.

Ces faits se trouvent parfaitement établis dans une nouvelle Vie d'Esope, que Monsieur de Meziriac, Critique du prémier ordre, a donnée au Public dans ces derniers tems, & qu'il a écrite sur les mémoires les plus sûrs; où l'on peut dire qu'il en porte la preuve jusqu'à la derniere évidence; puisqu'on ne peut opposer aux témoignages les plus authentiques que le ridicule Roman de Planude.

On ne peut douter que ce ne fût un spectacle agréable au Public, que de lui faire voir comment un Philosophe maître de lui-même, mais né tendre & délicat, combat les impressions que font sur lui les charmes & l'adresse d'une coquette habile, que le penchant & le dépit animent à triompher de sa raison, s'il étoit permis de le lui offrir tel qu'il fut réellement; mais l'opinion de sa laideur est trop fortement établie pour s'en écarter beaucoup, sans risquer de le faire méconnoître.

Cependant, pour ne pas perdre tout-à-fait un sujet si avantageux & si singulier, on a cru qu'il y avoit un milieu raisonnable à prendre entre la fable & la vérité, & c'est

ce

ce que l'on s'eſt efforcé de faire ici.

On a exprimé la laideur dans des vers qui ne bleſſent point la vûë. Et comme heureuſement il eſt en voyage, où l'on permettoit aux Eſclaves de porter des manteaux contre les injures de l'air, on lui en a donné un qui cache ſes défauts, ſous lequel on en peut faire un peu paroître, ſans que cela le rende fort différent du reſte des hommes.

On l'a déja vû ſans répugnance ſur le Théatre de la Comédie Françoiſe, d'une figure moins défectueuſe & plus ſupportable que celle que Planude lui donne, quoique dans un âge avancé, & vêtu de couleur triſte, comme il convenoit à un vieux Philoſophe. Ici, il ne fait que ſortir de ſa jeuneſſe & par conſequent doit paroître plus agréable. Il eſt de plus orné de la livrée magnifique d'un riche maître, dont il paroît moins l'Eſclave que l'ami & le confident, ce qui adoucit beaucoup les défauts qu'on lui laiſſera. Tout cela joint à la réputation de ſon eſprit, & à la ſageſſe avec laquelle on le voit réſiſter aux artifices de Rhodope, prévient en ſa faveur, & rend plauſible la paſſion qu'elle a pour lui, d'autant plus que l'eſtime générale que s'eſt acquis ſon Amant l'honore elle-même.

 Mais

Mais qu'est-il besoin de chercher de la vraisemblance où la vérité du fait est si connuë? L'histoire ne nous assure-t-elle pas que Rhodope, dans sa prémiere jeunesse aima parfaitement Esope? La bizarrerie de son choix disparoît, quand on fait attention à l'impression que laisse dans l'ame un prémier amour, à la tyrannie d'une vanité qui avoit pris chez elle la place presque entiere des goûts & des penchans, & à la gloire qu'elle se promettoit d'un choix si Philosophique.

Quelques Critiques se sont imaginé que la morale de ce Ballet pourroit ennuyer les Dames, accoutumées à en trouver de différens à l'Opera; mais il y en a assez de cette derniere espece dans les deux prémiers Actes, & le dernier est rempli de sentimens assez beaux & assez touchans pour les intéresser du moins autant que d'insipides amourettes. C'est leur faire injure de penser d'elles qu'un peu de vertu leur déplaise ici. La Tragédie de Jephté qu'elles ont vûë avec tant de plaisir prouve bien que le Pathétique a un droit acquis sur leur cœur, & la résipiscence de cette même Rhodope, dans la Comedie d'Esope à la Cour, ne leur a-t-elle pas fait verser des larmes de joye?

Voici

Voici quel a été le fort de l'Ouvrage qu'on va lire.

MEffieurs de Francine & Deftouches, l'un après l'autre, pendant qu'ils étoient Directeurs de l'Académie de Mufique, l'avoient reçû très favorablement, & deux Muficiens furent chargez par eux d'y travailler ; mais ceux-ci ne trouverent pas qu'Efope Amant fût un fujet convénable au Théatre de l'Opera. Je me flatte, qu'après la lecture de ma Préface, cette difficulté doit difparoître aux yeux de toute perfonne de bon fens, fur-tout étant informée qu'on auroit pris la précaution de faire mettre cette Préface dans le Mercure, un mois avant la repréfentation de la Piece, pour difpofer le Public à trouver Efope moins difforme fur cette Scene que Planude ne l'a dépeint.

Après le refus de ces deux prémiers Muficiens, un troifieme, d'un mérite reconnu, & applaudi depuis longtems à la Cour & à la Ville, en mit une bonne partie en Mufique ; mais l'ayant fait entendre à quelques-uns de fes amis, qu'il me nomma, gens finceres & éclairez, il m'avoüa, avec une

A 4

fran-

franchife peu ordinaire aux Auteurs, qu'il n'avoit pas rendu mes paroles à leur goût, & par leur confeil, me remit le Poëme.

Sur quelque réputation que cet Ouvrage avoit acquife, ayant été lû par plufieurs connoiffeurs, un homme, ci-devant Danfeur à l'Opera, me vint offrir un quatrieme Muficien, felon lui, le plus capable de tous de le mettre en œuvre avec toutes les graces dont il étoit fufceptible; mais pour ne pas donner à un fi habile homme un Poëme qui fût indigne de fa mufique, il me pria de lui confier le mien pendant deux ou trois jours, pour le faire examiner par deux Sçavans de fes amis; me jurant fur fon honneur qu'aucun autre ne le verroit, & me marquant en tout cela un très grand zèle pour mes intérêts, & d'un ton à me le perfuader.

Le foible que j'ai eu toute ma vie à me livrer trop aifement aux proteftations d'amitié, me fit donner dans le panneau. Voici quel fut l'effet de fon zèle. Il tira d'abord une copie de ma Piece, & la donna, fans m'en rien dire, à cet habile homme prétendu, que l'on m'affura, peu de tems après, être le plus foible Violon de l'Orqueftre de l'Opera, & qui, à l'âge de foixante & dix

ans

ans ou environ, n'avoit pas encore fait une seule Cantate, ni la moindre Chanson.

On peut croire aisément, qu'étant si bien informé du Personnage, je n'avois garde de lui abandonner ma Piece, & je me crus bien heureux d'être échapé de ses mains. Il fallut pourtant, honnêtement, entendre un Concert de violons, par lequel il vouloit me donner un échantillon de sa science, & il m'en promit un autre de sa musique vocale. Long-tems après, m'étant venu inviter à ce dernier essai, je lui demandai sur quel morceau de Poësie il avoit travaillé, & il me répondit, sans rougir, que j'entendrois mon Prologue & mon premier Acte finis, que M *** lui avoit donnez.

La découverte de cette perfidie du Danseur, & l'air tranquille de son complice en me l'annonçant, me frapperent, je l'avoüe, d'un coup d'autant plus rude, que Messieurs Rameau & Rebel le fils m'avoient fait l'honneur de me témoigner de l'envie de travailler pour moi, & que même en ce tems-la j'avois déja traité par l'entremise d'un tiers avec un autre Musicien, qui, pour avoir ma Piece qu'il vouloit mettre en musique *incognito*, m'avoit fait donner quarante pisto-

les

les d'avance, qu'il ne devroit reprendre que
sur ce que le succès m'en auroit produit.

La fin de tout cela a été, que par les
mauvaises finesses que le Danseur & le Violon ont employées, je l'ai perduë, aussi-bien
que les quarante pistoles qu'il m'a fallu rendre, & que le Danseur avoit promis de me
rembourser ; ce qui s'est trouvé une gas-
conade.

Pour m'en consoler, je la donne au Public, qui pourra me plaindre, & je la joins,
par occasion, à ma Pastorale intitulée *La
Magie de l'Amour*, qui seule n'étant que d'un
Acte, auroit fait un volume trop petit.

RHODOPE,

OU

L'OPERA PERDU.

COMEDIE-BALLET.

PERSONAGES

DU PROLOGUE.

MINERVE.
LA FABLE, *Perfonifiée fous la figure d'une jeune Déeffe, fille de Minerve.*
LES MUSES.
MOMUS.
SUITE DES MUSES, *c'eft à-dire les Poëtes célèbres.*
SUITE DE MINERVE, *les Vertus & les Sages.*
SUITE DE MOMUS, *les Ris, les Jeux, & les Graces badines.*

ACTEURS DE LA PIECE.

RHODOPE, *Coquette célèbre.*
XANTUS, *Philofophe.*
ESOPE.
CLOE', *Suivante de Rhodope.*
ARBATE, *Pilote de Xantus.*
Troupe d'Efclaves, Bergers ou Jardiniers de Rhodope.
Une Grande Prêtreffe du Temple de l'Amour, fuivie de plufieurs autres Prêtreffes.
Sacrificateurs des Divinitez adorées à Memphis.
Troupe du Peuple.
Les Amans & les Rivales de Rhodope.
Troupe de Matelots & de leurs Maitreffes.

    La Scene eft dans les Jardins de Rhodope, près de Memphis.

LA

LA FABLE.

PROLOGUE.

La Scene repréſente un des boſquets du Par-
naſſe, formé de Lauriers, dont les troncs
ſont entourez de feſtons d'immortelle, &
chargez ſur le devant d'inſtrumens de mu-
ſique. On voit dans l'éloignement Pégaſe
qui prend ſon vol du haut de la montagne.

SCENE PREMIERE.

A l'ouverture de la Scene, les Muſes, à la tête
deſquelles eſt Calliope, paroiſſent rangées des deux
côtez du Théatre. Les Poëtes célèbres ſont au - deſ-
ſous d'elles, couronnez de lauriers. Minerve entre
d'un côté, tenant la Fable par la main, perſoni-
fiée ſous la forme d'une jeune fille. Elles ſont ſui-
vies des Vertus & des Sages. De l'autre côté en-
tre Momus accompagné des Ris, des Jeux, & des
Graces badines.

MOMUS.

CHantez, chantez divines Sœurs,
Minerve à vos concerts aujourd'hui s'intéreſſe.
Inſpirez de votre Art les charmantes douceurs
Au digne objet de ſa tendreſſe.

Par

Par vos chants, par vos foins, méritez fes faveurs.

LE CHOEUR.

Chantons, chantons, divines Sœurs, &c.

MINERVE.

La Fable me doit fa naiffance.
J'ai fait pour la produire un effort glorieux,
Tel que le fit pour moi le Souverain des Dieux.
Momus éleva fon enfance,
Aux mortels ici-bas elle chante mes loix.
Calliope, réglez les accens de fa voix.

CALLIOPE. (à Minerve.)

A vos divins confeils notre douce harmonie
Peut ajouter des charmes tout-puiffans.

(A la Fable.)

Donnez-nous un effai de votre heureux génie,
Prêtez à la Raifon vos aimables accens.

LA FABLE (chante une Fable.)

Une jeune Beauté d'un air un peu févere,
Toujours dans un fimple ornement,
D'efprit tranquille & doux, fans trop d'ardeur de plaire,
Quoiqu'aimable, tendre & fincere
Infpiroit peu d'amour au cœur de fon Amant.
Une fête à fes yeux l'offrit vive & brillante,
Des plus charmans tranfports l'Amant fut agité :
En quittant fon auftérité
La Sageffe ainfi nous enchante.

MOMUS (à la fuite de Minerve.)

Fieres Vertus, mêlez-vous à nos jeux,
Devenez moins fauvages.
Animez-vous feveres Sages ;
Que de vos fronts triftes & ténébreux
Les Graces deformais diffipent les nuages.

MINERVE.

Qu'ici-bas tout chante mes loix.

Qu'un

Qu'un menſonge permis, une innocente adreſſe
Faſſe naître en tous lieux mille nouvelles voix.
Sur les foibles mortels répandons à la fois
    La joye & la ſageſſe.
      LE CHOEUR.
Qu'ici bas tout chante mes loix, &c.

*La ſuite de Momus inſpire de la joye en danſant
à celle de la Sageſſe. Deux Graces badines, par
exemple, vont prendre un vieux Sage, & l'animent par degrez juſqu'à une joye extrême. Les Ris
& les Jeux font de même avec les Vertus. A la fin du
Divertiſſement, Minerve ſe leve de ſa place pour par-
tir, & dit à la Fable & à Momus le vers ſuivant.*
      MINERVE.
Je m'éloigne à regret de ces lieux enchantez.
  CALLIOPE & LA FABLE (*enſemble.*)
    Quoi, Déeſſe, vous nous quittez?
      MINERVE (*à la Fable.*)
    Un preſſant intérêt m'engage
A me rendre en ce jour prcs des murs de Memphis;
    J'y vais joüir du triomphe d'un ſage
    Le plus cher de vos favoris.

SCENE II.

Les Acteurs précédens, hors Minerve.

      MOMUS.

DE Minerve en ces lieux la ſévere préſence
    A contraint les oiſeaux, ſous ces ombrages verds
A garder ſur leurs feux un pénible ſilence.
Pour diſſiper l'ennui qu'y cauſe ſon abſence,
    Muſe, rendez nous leurs concerts.
                CAL.

PROLOGUE.

CALLIOPE.

Doux Roſſignols, ranimez nos bocages.
Par les tendres récits de vos feux innocens
Revenez-y charmer nos ſens,
Chantez, chantez, redoublez vos ramages.

(*L'Orqueſtre exprime ici un concert d'Oiſeaux.*)

Le Dieu d'amour ſur ces rians feuillages
Fait goûter à vos cœurs cent plaiſirs raviſſans.
Vos deſirs amoureux ſans ceſſe renaiſſans,
De ſa faveur ſont pour vous d'heureux gages :
Comblez de ſes bienfaits rendez-lui vos hommages,
Par vos plus aimables accens.
Chantez, chantez, redoublez vos ramages.

(*Autre petit concert d'Oiſeaux.*)

LA FABLE.

Permettons au Dieu des Amours
D'inſpirer dans nos jeux de légitimes flames ;
La Vertu même emprunte ſon ſecours
Pour embellir nos ames.

CALLIOPE & LA FABLE (*enſemble.*)

Tendre Amour, exauce nos vœux :
Vole, viens animer nos fetes,
Inſtrui-nous par un choix heureux
A faire de ſages conquêtes.

MOMUS.

Que la joye anime vos pas,
Regnez plaiſirs, regnez dans nos ſacrez bocages.
S'il eſt des tems pour être ſages,
Il en eſt pour ne l'être pas.

(*Le Chœur répete ces quatre derniers vers pendant
qu'on danſe.*)

FIN DU PROLOGUE.

RHO-

RHODOPE,
OU
L'OPERA PERDU.
COMEDIE-BALLET.

La Scene est dans les Jardins de Rhodope près de Memphis. Son Palais se decouvre dans le lointain, au-delà duquel s'e- leve la Pyramide qui porte encore au- jourd'hui son nom.

PREMIER ACTE.

SCENE PREMIERE.

ESOPE (*seul.*)

E Vitons, évitons, dans ce fatal séjour
Le dangereux objet de mon prémier amour.
Xantus dans ces jardins m'ordonne de
    l'attendre,
Esclave malheureux ai-je pû m'en défendre?
O Ciel ! à quel danger m'exposai je en ce jour?

Sois

B

Sois satisfait de ma longue foibleffe,
Dieu des Amans, laiffe-moi refpirer;
Je t'abandonnai ma jeuneffe,
N'eft il pas tems pour moi de ne plus foupirer?
Belle Rhodope, hélas! puis-je revoir vos charmes,
Et ne pas retomber dans mon égarement?

(*Efope fait ici un mouvement de frayeur, troublé par
l'arrivée de Xantus qu'il prend pour Rhodope.*)

Tout l'offre à mes regards; Xantus en ce moment
Lui-même a caufé mes allarmes.

SCENE II.

X A N T U S, E S O P E.

(*Xantus s'avance lentement, admirant la beauté du lieu.*)

X A N T U S.

Tout enchante mes fens dans ces aimables lieux.
J'y vois de toutes parts un Art ingénieux
    Embellir la nature.
La lumiere du jour y femble être plus pure.
Flore y fait refpirer un air délicieux.
Tout enchante mes fens dans ces aimables lieux.

E S O P E.

Rhodope tient ici fon rédoutable Empire,
Fuyez, dérobez-vous au pouvoir de fes yeux.
  Ce jour fi beau, ce lieu fi gracieux,
    Cet air fi doux qu'on y refpire;
    Contre votre cœur tout confpire.

X A N T U S.

J'y crains peu de fes yeux le frivole pouvoir.

Nous

Nous partons de Memphis, Esope, il faut la voir.

ESOPE.

Votre empressement m'inquiette.
Pour vous épargner des soupirs,
Profitez d'une chansonnette
Que j'addresse en ces lieux au Rival des Zephirs :
Volage Amant des fleurs que le Printems ranime,
Imprudent Papillon, fui l'éclat du flambeau,
Vole loin d'un objet qui te paroit trop beau ;
D'un desir curieux ne sois point la victime,
Il te précipite au tombeau.

XANTUS.

Si le flambeau de l'Amour est à craindre,
C'est pour des cœurs trop prompts à s'enflammer ;
Mais où la Raison sçait l'éteindre
Son feu ne doit point allarmer.

ESOPE.

Un jour assis sur le rivage,
D'agréables Zephirs, un calme plein d'appas,
Tout m'inspiroit des desirs de voyage ;
Un Alcion vint me dire tout bas,
Loin de tes yeux j'apperçois un orage,
Malheureux, ne t'embarque pas.
C'étoit de mon amour le funeste présage.
Avec Rhodope, au Printems de mon âge
Plein d'un espoir flatteur mon cœur s'est embarqué ;
L'orage ne m'a pas manqué ;
A peine suis-je encore échapé du naufrage.

XANTUS.

Ton cœur fut aisément charmé
Dans un âge plein de foiblesse.

ESOPE.

Tout âge est encor la jeunesse
Pour un cœur qui n'a point aimé ;
Mais fuyons, je la voi paroitre.

B 2XAN-

XANTUS.
Sans m'expofer de près,
Je veux pouvoir du moins juger de fes attraits.
ESOPE.
Ah! c'eft vouloir l'aimer que vouloir la connoître.

SCENE III.

R H O D O P E, C L O E'.

Rhodope en entrant, s'apperçoit qu'Efope l'évite. Elle en marque du dépit, le fuivant d'un œil courroucé tant qu'il paroit. Xantus fe retire fous les arbres qui bordent le lieu, & reparoit enfuite, fe promenant au fond du Théatre, & s'approchant infenfiblement pour voir Rhodope à la derobée. Cloé l'obferve de tems en tems.

CLOE'.

QUel trouble vous faifit, au milieu d'une fête
Qu'en ce beau jour tout Memphis vous apprête?
Quand mille Amans s'empreffent dans ces lieux
A vous combler de plaifirs & de gloire,
Doit-on voir le chagrin régner dans vos beaux yeux?
Un monument fuperbe élevé jufqu'aux Cieux
De vos divins appas confacre la mémoire.
RHODOPE.
Dans mon cœur outragé les mépris d'un ingrat
De ce jour triomphant effacent tout l'éclat.
Efope encor dans l'Efclavage
Me retrouve à Memphis au comble du bonheur.

Et

Et je ne vois en lui qu'une fierté sauvage;
En lui , qui me marquoit autrefois tant d'ardeur.
　　Eſt ce donc le titre de Sage
　　Qu'on lui donne de toutes parts
Qui lui fait oublier ce qu'il me doit d'égards?
　　Ah! vengeons - nous de cet outrage.

C L O É.

Quoi! votre cœur encore en ſeroit-il charmé?
Quel attrait inconnu peut vous le rendre aimable?
　D'un tel chagrin qui vous croiroit capable?
　　Quand la nature l'a formé
　　L'a-t-elle fait pour être aimé?

R H O D O P E.

De ſon eſprit charmant la lumiere ſi pure
　　Juſtifie en lui la nature.
　　Dans l'âge où naiſſent les deſirs,
　Où ma beauté ne faiſoit que d'éclore ,
Il oſa le prémier m'addreſſer des ſoupirs;
　　Le ſouvenir m'en plaît encore.

C L O É.

Le devez-vous garder , ce honteux ſouvenir
　　Quand l'ingrat a briſé ſa chaîne?

R H O D O P E.

　Je le garde pour l'en punir,
　Il mérite toute ma haine.
J'ai pû connoître aſſez le foible de ſon cœur.
Je veux que dans mes fers l'eſpoir le plus flatteur
　　Malgré lui le ramene ,
Pour l'accabler bien-tôt de toute ma rigueur.

C L O É.

　Il vous fuit , ſa fierté vous bleſſe;
　Je reconnois notre foibleſſe;
　Il faut l'avouer en ce jour;
　　Le dépit nous intéreſſe

B 3　　　　　　　　Plus

Plus mille fois que l'amour.
Songez, songez plutôt que de toutes nos Belles
Vous allez diffiper les mouvemens jaloux
Par le choix qu'aujourd'hui vous ferez d'un Epoux.
Leurs Amans infidelles
En perdant l'efpoir près de vous
Le feront renaître chez elles.
Mais que vois-je? Xantus attaché fur vos pas
Paroît fenfible à vos appas.

R H O D O P E.

Il tient l'ingrat fous fa puiffance,
Il peut fervir à ma vengeance.

S C E N E I V.

X A N T U S, RHODOPE, CLOE'.

R H O D O P E.

Pourquoi, Seigneur, vous tenir loin de nous?
Un lien affez doux
A nous chercher nous intéreffe:
Pouvez-vous ignorer que je dois comme vous
Ma naiffance à la Grece.

X A N T U S *(interdit.)*

L'éclat de tant d'appas, cet accueil gracieux,
A troubler ma Raifon femblent d'intelligence.
Toute mon ame eft dans mes yeux,
Je ne puis qu'admirer, & garder le filence.

R H O D O P E.

Rendez à votre efprit toute fa liberté.
On célebre en ces lieux le jour de ma naiffance.

Un

Un Sage quelquefois quitte sa gravité.
Prenez part avec nous à la réjouïssance.
XANTUS.
Vous m'offrez des plaisirs qui doivent me flatter,
    L'usage en paroit nécessaire ;
Mais, hélas ! la Raison d'un ton triste & sévere
    Ordonne de les éviter.
RHODOPE.
Ah! quand la Raison doit se taire
Notre cœur en secret défend de l'écouter.
        Pour l'intérèt de la vie,
        Accordons à la folie
        Les momens qui lui sont dûs.
        Les plaisirs nous font renaitre.
        Non, un Sage ne l'est plus
        Dès qu'il prétend toujours l'être.
XANTUS.
    Je sens dans le fond de mon cœur
Vos aimables leçons dissiper mon erreur.
RHODOPE.
Ce suprême bonheur que promet la Sagesse,
        Vous le cherchez sans cesse,
Sans faire essai des biens qui comblent nos desirs.
    Quelle erreur est plus déplorable !
    Est-ce en fuyant tous les plaisirs
    Qu'on peut trouver le véritable ?
XANTUS.
Je cede à des conseils si pressans & si doux,
Et tiendrai desormais ma sagesse de vous.
(ENSEMBLE.)

Aux innocens plaisirs il est tems de { vous / me } rendre

    Jouïssons de tous leurs attraits.
    Si c'est pour nous que le Ciel les a faits,
B 4

Im-

Importune Raifon, pourquoi nous les défendre?
XANTUS.
Que nous annonce ici le fon des chalumeaux?
RHODOPE.
Mes Efclaves contens, & dont le foin fidèle
Fait fleurir mes jardins, ou paitre mes troupeaux,
Par des jeux & des chants nouveaux
Viennent me fignaler leur zele :
(*En tendant la main à Xantus.*)
A de fi doux plaifirs ne foyez plus rebelle.

S C E N E V.

Fête de Bergers & de Bergeres, de Jardiniers & de Jardinieres, gracieufe de la part des prémiers, vive & comique de celle de ceux-ci.

C H O E U R.

LEs appas de Rhodope en ce charmant féjour
Nous rendent fa chaine légere.
Son Efclavage fçait nous plaire
Autant que celui de l'Amour.

(*On danfe.*)
UNE BERGERE.
Il eft une heure du jour
Où le cœur devient plus tendre ;
Bergers conftans à l'attendre
Vous l'obtiendrez de l'Amour.
L'Amant qui la croit entendre
Doit prévoir plus d'un danger,

Et l'on risque à s'y méprendre
Autant qu'à la négliger.

(On danse.)

LE CHOEUR.

Rhodope a tout soumis à ses aimables loix.
Célébrons de ses yeux les amoureux exploits.
Répondez-nous échos de ces retraittes.
Répetez mille fois
Nos tendres chansonnettes ,
Faites-en retentir nos valons & nos bois.

Fin du prémier Acte.

A C T E I I.

La Scene est encore dans les Jardins de Rhodope, vûs du côté opposé à celui qui a
paru d'abord.   La Pyramide s'y décou-
vre entiere au-devant de son Palais. Elle
est ornée de festons de fleurs & terminée
par sa statuë. Un autel est au pied de la
Pyramide.

SCENE PREMIERE.

E S O P E *(seul.)*

RHodope l'a conduit dans son charmant Palais;
 Xantus est perdu pour jamais.
 Ah! qu'un Mortel est témeraire
De s'exposer aux traits de la beauté
 Quand il aime sa liberté!
Au milieu du peril il ne le connoit guere.
 Non, Rhodope, ne croyez pas
 Que je cherche encor vos appas.

Mais

Mais j'apperçoi Xantus.   Une tendre tristesse
    M'annonce déja sa foiblesse.
Ecoutons en secret, pour la connoître mieux :
    Je crains qu'il n'évite mes yeux.

SCENE II.

XANTUS, ESOPE (*caché.*)

XANTUS.

Doux espoir, flatteuse apparence,
Présage des plaisirs, que vous avez d'appas !
    Ah ! peut-on ne se rendre pas
    A votre aimable violence ?
C'est par vous que l'Amour établit sa puissance.
    C'est vous qui le rendez vainqueur.
Vous n'offrez que ses biens, & cachez sa rigueur.
La Raison contre vous nous laisse sans défense.
    Vous triomphez d'un trop crédule cœur.
    Doux espoir, flatteuse apparence,
Présage des plaisirs, que vous avez d'appas !
    Ah ! peut-on ne se rendre pas
    A votre aimable violence ?
    Contre l'effort de tant d'attraits
    Esope a prévû ma foiblesse.
J'entens déja murmurer sa sagesse.
Que ne puis-je à ses yeux me cacher à jamais !

ESOPE (*s'offrant à lui à l'imprevû.*)

Vous êtes interdit, vous gardez le silence,
La charmante Rhodope en s'offrant à vos yeux
    Vous a rendu bien sérieux.

Votre

Votre cœur plein de confiance
Se flattoit de parer les traits de sa beauté,
Quelques momens de sa présence
Ont puni votre vanité.

XANTUS.

Non, contre tant d'attraits la résistance est vaine.
J'ai beau prévoir tout le poids de ma chaine.
En vain mille Rivaux traversent mon espoir,
La Raison sur mon ame a perdu son pouvoir,
Un charme tout-puissant la surmonte & m'entraine.
Ah! peut il naitre une si rude peine
Du charmant plaisir de la voir !

ESOPE.

C'est dans sa naissance
Qu'il faut combattre l'amour.
Fuyez un fatal séjour,
Où sa violence
Redoubleroit chaque jour.
Par le secours de l'absence
On le bannit sans retour.
C'est dans sa naissance
Qu'il faut combattre l'amour.

XANTUS.

Où pourrois-je éviter l'atteinte d'une flame
Que je porte au fond de mon ame.
Esope, par pitié soulage ma douleur.
Toi qui connus Rhodope en sa tendre jeunesse,
Tu sçais le chemin de son cœur.
Va lui faire l'aveu de ma vive tendresse.
Fléchi l'objet dont je suis enchanté,
Et le prix de tes soins sera ta liberté.

ESOPE.

Est-ce à moi votre Esclave à l'oser entreprendre ?
Espérez-vous qu'elle daigne m'entendre ?

Vous

Vous quittez son Palais ; dans ce charmant séjour
    Qui vous obligeoit au silence ?
Tout y favorisoit l'aveu de votre amour.

XANTUS.

Plus l'amour a de violence,
Moins il ose paroître au jour.
La crainte & l'espoir tour-à-tour
Y tenoient mon ame en balance.
Mes soupirs, mes regards, quelques mots échapez
Ont pû lui révéler le secret de mon ame ;
Mais pour faire sentir tout le feu qui m'enflame,
Qu'est-ce que des discours tremblans, entrecoupez ?
Toi seul. . . .

ESOPE.

Sage Xantus, vous devez me connoître :
    Au nom de tous les Dieux,
Ne m'offrez point à ses beaux yeux,
Je sens déja mon feu renaître.
J'aime mieux mille fois expirer dans vos fers,
Que d'exposer mon cœur aux maux qu'il a soufferts.

XANTUS.

La douceur de ton esclavage,
Mes soins, ma tendresse pour toi,
Ont assez mérité ce gage de ta foi.
Ne crain rien pour ton cœur, je te connois trop sage :
    Tu l'ès mille fois plus que moi.

ESOPE.

Echapé d'un amour funeste,
A rentrer dans mes fers pourquoi m'engagez-vous ?
    Ne puis-je hélas ! conserver entre nous
    Le peu de Raison qui nous reste ?

XANTUS.

Elle s'avance dans ces lieux,
Profite d'un moment pour moi si précieux.

S C E.

SCENE III.

R H O D O P E, C L O E', E S O P E.

R H O D O P E.

ESope, quelle indifférence!
Pouvez-vous dans Memphis faire un si long séjour,
Sans m'accorder en ces lieux à mon tour
Un moment de votre présence?

E S O P E.

Vous vous plaindrez bientôt d'une plus grande offense,
J'y viens vous offrir de l'amour.

R H O D O P E.

D'une prémiere ardeur gardez vous la mémoire?

E S O P E.

Non, ne rougissez plus d'une telle victoire,
Recevez un Amant plus digne de vos fers.
Je viens vous déclarer le tendre amour d'un Sage,
Du Maitre illustre que je sers;
Si vous acceptez son hommage,
L'instant de son bonheur finit mon esclavage.

R H O D O P E.

Et vous, Esope, je vous perds?

E S O P E.

Que d'Amans en ces lieux réparent ce dommage!

R H O D O P E.

Quoi! vous voulez, ingrat, vous soustraire à mes loix?

E S O P E.

Me sieroit-il encor d'aspirer à vous plaire?

R H O D O P E.

D'où vient qu'Esope désespere?

Me

Me déplaifoit-il autrefois ?
E S O P E.
Le défir curieux d'une vive jeuneffe,
  Fait écouter les plus communs foupirs.
  Un peu d'ufage des plaifirs
  Produit plus de délicateffe.
R H O D O P E.
  Je prétens du moins qu'en ce jour
Une tendre amitié fuccede à notre amour.
Vous m'offrez un Epoux ; mais je fens , fage Efope ,
D'un lien éternel mon cœur épouvanté.
  L'Hymen convient-il à Rhodope ?
Donnez-moi ce confeil avec fincérité.
E S O P E.
(lui donne ce confeil dans une Fable.)
    Fauvette volage ,
    Craignez de la cage
    Le fâcheux féjour.
  Dans ce charmant bocage
  Mille Oifeaux d'alentour
  Du plus brillant plumage
    Viennent tour-à-tour
  Par leur tendre ramage
    Vous faire la cour.
    Fauvette volage ,
    Craignez de la cage
    Le fâcheux féjour.
  Pourrez-vous à votre âge
  Après un doux ufage
    Quitter de l'amour
  Le galant badinage ;
    On ne s'en dégage
    Que fur le retour.
  Fauvette volage ,

Craignez

Craignez de la cage
Le fâcheux féjour.
RHODOPE.
Par ce confeil j'apprens à me connoître,
J'en aime la fincerité.
ESOPE.
Mon zéle peut-il mieux paroître ?
Votre bonheur m'eft cher plus que celui d'un Maître
Qui me promet la liberté.
RHODOPE.
Allez lui déclarer que j'approuve fa flame.
Je ne veux l'écouter que pour vos intérets.
ESOPE.
Le fouvenir de vos bienfaits
Sera toujours l'objet le plus cher à mon ame.

SCENE IV.

RHODOPE, CLOE'.

RHODOPE.

Non, je ne puis fouffrir ce mépris odieux.
Soulagez mon dépit, doux efpoir de vengeance.
Quand il voit près de moi mille Amans en ces lieux
Afpirer a la preference,
L'Ingrat me fait fentir fa fiere indifférence
Par un confeil injurieux.
En vain & ma bouche & mes yeux
Flattoient fon efpérance.
Efope à m'offenfer eft trop ingénieux.
Soulagez mon dépit doux efpoir de vengeance.

CLOE.

C L O E'.

Par l'amour de Xantus, fixé dans ce fejour,
Vous pourrez à loifir affouvir votre haine.

R H O D O P E.

Puifque pour moi fon Maître a fenti de l'amour ;
Bien·tôt ma vengeance eft certaine.

C L O E'.

Je le vois, qui déja malgré lui le ramene.

S C E N E V.

X A N T U S, R H O D O P E, C L O E'.

*(Xantus, dans le fond du Théatre, veut ramener
par force Efope qui lui échape.)*

R H O D O P E.

E Sope avec chagrin femble fuivre vos pas ;
Qui peut caufer fon embarras ?

X A N T U S.

Il évite vos yeux que l'Univers adore,
Et fe croit trop heureux s'il échape à leurs coups,
Plus heureux mille fois encore
Qui s'expofe à mourir d'un martyre fi doux !

R H O D O P E.

Je n'ai que trop connu l'excès de votre flame,
Mais c'eft en vain qu'elle flatte mon ame ;
Hélas ! puis je encore être à vous ?

X A N T U S.

Si votre cœur a fçû jufqu'ici fe défendre
C   De

De déclarer ses sentimens,
Le plus tendre de vos Amans
Est encore en droit d'y prétendre.

RHODOPE.

Puis-je, sans les offenser tous,
Vous accorder un choix dont chacun d'eux se flate?
Rendrois-je un Monument où leur amour éclate
Le trop digne sujet de leur juste courroux?

XANTUS.

Devez-vous leur paroître ingrate,
Si je puis à mon tour
Par de plus tendres soins vous prouver mon amour?

RHODOPE.

Vous pourriez m'engager à la reconnoissance
Par un don pour moi plus charmant
Que leur superbe monument.

XANTUS (avec ardeur.)

Quel trésor est en ma puissance
Qui puisse mériter un regard de vos yeux?

RHODOPE.

Esope, votre Esclave, est ce don précieux.

XANTUS.

Il est à vous; vos fers sont une récompense,
Et je deviens jaloux de son sort glorieux.

RHODOPE.

Je ressens un plaisir extrême
De ce gage de votre foi,
J'espere qu'Esope lui - même
En sera charmé comme moi.
Pour vous en faire honneur, je veux que dans la fête
A m'accompagner il s'apprête.
Permettez qu'à l'instant j'aille l'y préparer.

XANTUS.

Hé quoi! faut-il déja nous séparer?

(Xantus

(*Xantus seul, après avoir réflechi quelque tems.*)
Pourquoi cette fuite foudaine?
Quel mouvement fi prompt vers Efope l'entraîne?
Ah! c'eft trop tôt lui vouloir annoncer
Ce qui va lui caufer une mortelle peine.
A lui porter ce coup doit-elle s'empreffer;
Se fait-elle un plaifir de m'attirer fa haine?
Perfide que je fuis! je lui manque de foi.
Devoit-il l'attendre de moi?

(*Il fait ici quelques pas en réflechiffant.*)
Ouvrons les yeux : Rhodope dans fon ame
A ranimé l'ardeur de fa prémiere flame.
Hélas! dans ce fatal moment
L'Ingrate s'applaudit peut-être
D'avoir fçû de mes mains arracher fon Amant.
La Fète les ramene & commence à paroître.
Obfervons tout, l'Amour eft facile à connoître.

SCENE VI.

La Fête s'avance, dans laquelle Rhodope paroît au rang le plus honorable de la marche. Elle a la main appuyée fur l'épaule d'Efope, qui porte fur l'autre épaule fon parafol. En la quittant il fait une exclamation contre Xantus.

ESOPE.

QUel aftre malheureux à mon deftin préfide?
C'eft donc ainfi, Maître ingrat & perfide,
Que vous dégagez votre foi?

RHODOPE, *(d'un air gracieux pour l'appaiser.)*
De ce courroux calmez la violence,
    Esope, gardez le silence,
    Songez que vous êtes a moi.

*Les personnages de la Fête font, outre une grande
Prêtreſſe du Temple de l'Amour, ſuivie de quelques autres, les Sacrificateurs des autres Divinitez adorées à Memphis, & enfin tout le peuple.
Et de plus, les Eſclaves de Rhodope vêtus riche-
ment.*

C H Œ U R.
    Joüiſſons du doux avantage
De pouvoir de Rhodope admirer les appas.
    Que ce Monument dédommage
Notre poſterité qui ne la verra pas.
    Qu'on vienne de tous les climats
Y rendre a ſa mémoire un éternel hommage.

*Xantus conduit Rhodope à l'Autel qui eſt au bas de
la Pyramide: elle y verſe de l'encens dans le feu.
Xantus la remet enfuite à ſa place, après qu'elle
en a fait la conſecration par les vers ſuivans.*

R H O D O P E.
Amour, ſi j'ai pris ſoin d'étendre ta puiſſance,
    Ce Monument ſuperbe, en récompenſe,
Juſques chez l'avenir va me combler d'honneur;
    Sois ſatisfait de ma reconnoiſſance,
Je te conſacre enſemble & ma gloire & mon cœur.

(On danſe.)

LA GRANDE PRETRESSE.
Source unique & toujours féconde
Des plaiſirs les plus précieux,

Amour,

Amour, charmant Amour, pour le bonheur du monde
Regne à jamais, & triomphe en tous lieux.

LE CHOEUR.

Amour, charmant Amour, &c.

LA PRETRESSE.

On vole en vain de victoire en victoire.
Vainement la fortune a rempli nos défirs.
Au milieu des tréfors, au comble de la gloire,
Vers tes faveurs encore on pouffe des foupirs.
On oublie en aimant tous les autres plaifirs.
Tu partages les biens, dont ton Empire abonde,
    Entre les Mortels & les Dieux.
Amour, charmant Amour, pour le bonheur du monde
Regne à jamais, & triomphe en tous lieux.

(On danfe.)

LA PRETRESSE.

Soupirez, aimable jeuneffe.
Dans votre plus belle faifon
Ce penchant fait votre fageffe.
Le défir de charmer en infpire l'adreffe.
    L'amour éclaire autant que la raifon.
    Soupirez, aimable jeuneffe.

Ballet général de tous les Perfonages.

ACTE III.

SCENE PREMIERE.

XANTUS, ARBATE *son Pilote.*

XANTUS.

ARbate, qu'au départ tout le monde s'apprête.
ARBATE.
Le vent est favorable & l'on n'attend que vous.
XANTUS.
Rhodope doit dans cette Fête
Faire choix d'un Epoux ;
J'en veux être témoin ; après, rien ne m'arrête.

SCENE II.

XANTUS (*seul.*)

Il aura vû, pendant la Fête, Rhodope pour se di-
vertir, gracieuser Esope par quelques mines,
auxquelles il n'aura répondu que tristement, &
d'un air mal-content.

LEs yeux de l'Infidelle ont trahi son ardeur.

Ils m'ont fait pénétrer jufqu'au fond de fon ame,
Non, je ne doute plus de fon indigne flame,
   De mon Efclave elle a fait fon Vainqueur.
      Eh! pourrois-je l'aimer encore?
      Ah! mon Rival me deshonore.
Lui-même étoit confus de fon propre bonheur.
Baniffons à jamais l'Ingrate de mon cœur.
     Sur une efpérance incertaine
     Trop légerement engagé,
Un généreux mépris doit me tirer de peine.
Par fon bizarre choix Rhodope m'a vengé;
Il faut qu'à la Raifon la honte me ramene.
Je la vois; mais déja je me fens foulagé;
Fuyons, ne cherchons point à renoüer ma chaine.

SCENE III.

RHODOPE, CLOE'.

RHODOPE.

ENfin le fier Efope eft foumis à ma Loi.
    Mais d'où nait en lui tant d'effroi
      D'être fous ma puiffance?
J'eus un fecret plaifir, au fortir de l'enfance,
    De le voir foupirer pour moi.
     Quand il ofa m'offrir fa foi,
    Je ne m'en fis point une offenfe.
    Il me fuit, l'Ingrat; hé pourquoi?
Quelle horreur aujourd'hui lui caufe ma préfence?
      CLOE'.
Vous l'aimez encor, je le voi.
      C 4   La

La perte d'un Amant qui ceſſe de nous plaire,
De notre cœur ne trouble point la paix.
     Une violente colere
Ne fait qu'expliquer nos regrets.
               R H O D O P E.
Non, ne croi pas que mon cœur le regrete.
C'eſt de ſon eſprit ſeul que le mien fût épris.
     Je pardonnerois ſa retraite;
     Mais je dois punir ſes mépris.
                 C L O E'.
     Pour ſatisfaire votre haine,
Eſt-ce aſſez le punir que d'attendrir ſon cœur?
               R H O D O P E.
Juge mieux des tourmens où ma feinte l'entraîne.
     L'illuſion de ma tendreſſe vaine
Va le précipiter du faîte du bonheur,
Pour le faire expirer ſous le poids de ſa chaine.
Il vient.   Qu'un doux accueil lui prépare ſa peine.

⸺⸺⸺

SCENE IV.

ÉSOPE, RHODOPE, CLOE'.

R H O D O P E.

SAge Éſope, pourrai-je eſpérer déſormais
     De jouir de votre préſence?
               E S O P E.
Pourquoi pouſſer à bout ma vertu, ma conſtance?
Serai-je par vos ſoins malheureux à jamais?
     Ai-je du ſort mérité cet outrage?
     Eſt-ce à Rhodope à m'accabler?

Vous

Vous qui deviez finir mon trop long esclavage,
Vous aimez à le redoubler.

RHODOPE.
Si je veux l'adoucir, qu'avez-vous à vous plaindre?

ESOPE.
Pouvez-vous de vos yeux moderer le pouvoir?

RHODOPE.
A m'aimer, qui peut vous contraindre?

ESOPE.
La nécessité de vous voir.

RHODOPE.
Votre sublime esprit, votre rare sagesse,
Sçauront vous garantir de l'amoureuse ardeur.

ESOPE.
N'insultez point à ma foiblesse,
Vous qui connoissez trop le penchant de mon cœur.
Ah! laissez-moi guérir d'une fatale flame.
De mon sort malheureux, moderez les rigueurs.
Soyez attendrie à mes pleurs,
Et calmez par pitié les troubles de mon ame.

RHODOPE.
L'Amour peut-il encor vous causer tant de maux?
Mais, laissez-moi, je cherche en ces lieux du repos.

SCENE V.

RHODOPE, CLOE' (*un peu à l'écart.*)

RHODOPE (*après quelques pas en rêvant.*)

AU milieu des transports d'une aveugle colere,
Esope, au désespoir, dissipe mon erreur.

Un feul moment me défarme & m'éclaire.
La plus tendre pitié fuccede à ma fureur.
Moi? je voudrois punir un Amant qui m'adore?
Qui périt en fecret d'un feu qui le dévore?
Sage Mortel, mon cœur de remords combattu,
En plaignant ton amour, admire ta vertu.
    Mais, qui vient ici nous furprendre?

SCENE VI.

Les Amans & les Rivales de Rhodope viennent la preffer de faire un choix.

CHOEUR DE RIVALES.

BElle Rhodope, il eft tems de vous rendre.

UNE DES RIVALES.

Toutes les Belles de Memphis,
De leurs Amans, à vos Loix affervis,
Vous preffent par ma voix de choifir le plus tendre.

CHOEUR DE RIVALES.

Belle Rhodope, il eft tems de vous rendre.

UN DES AMANS.

Le choix de votre Epoux, depuis long-tems promis,
Par vous, à ce grand jour, avoit été remis.
N'efpérez plus vous en défendre.

TOUS LES CHOEURS.

Belle Rhodope, il eft tems de vous rendre.

RHODOPE.

Je voudrois à chacun de vous
Donner la préference;
Mais mon cœur en balance
Ne peut ni vous choifir, ni vous refufer tous.

Efope,

Esope, c'est à vous, c'est à votre prudence
Que je remets le choix de mon Epoux.
ESOPE.
Moi? je déciderois du fort de votre vie?
 Moi? vil Esclave de Phrigie,
 Je prononcerois un Arrèt
 Où tout Memphis prend intéret?
RHODOPE.
 De mon estime ayez un gage.
 Votre vertu l'a mérité.
 Esope, sortez d'esclavage,
 Je vous donne la liberté.
ESOPE.
A vos seuls intérêts vous me sçavez sensible.
 Puis-je connoître, étranger en ces lieux,
Qui de tous vos Amans vous mérite le mieux?
RHODOPE.
 Mon embaras est invincible;
Qu'on m'accorde le tems de consulter les Dieux.
UN DES AMANS (d'un ton de colere.)
Ah! c'est trop differer, c'est trop faire paroître,
Qu'en vain de tous nos soins nous attendons l'effet.
 Il faut choisir, tel que le choix puisse être,
 Chacun en sera satisfait.
LE CHOEUR.
 Il faut choisir, tel que le choix puisse être,
 Chacun en sera satisfait.
RHODOPE (d'un ton de dépit.)
 Vous m'y forcez; mon choix est fait,
 Je vais vous le faire connoître.
 On vante en tous lieux ma beauté.
Un pompeux monument, à la posterité,
 Va faire passer ma mémoire,
 Et peut-être ma vanité.

II

Il faut en effacer ce qui nuit à ma gloire
Par un effort qu'on n'attend pas de moi.
Esope, recevez ma foi.

ESOPE.

Pourriez-vous faire cette injure
Aux illustres Amans, dont le zele en ces lieux
Rend à jamais votre nom glorieux?

RHODOPE.

Je veux que d'une gloire, & plus juste & plus pure,
Dans l'avenir, mon nom soit revêtu,
Et des graces de la nature,
Faire un hommage à la Vertu.

ESOPE.

Xantus, plus aimable & plus sage,
Mille fois mieux que moi, mérite cet hommage.

XANTUS.

Non, d'un juste remords je me sens combattu.
Non, cher Esope, il faut que de mon injustice,
Rhodope aujourd'hui me punisse.
Vivez, vivez heureux sous son aimable Loi,
Sans craindre que jamais mon amour en gémisse.
Mon cœur vous en a fait un parfait sacrifice.
Votre vertu m'apprend à triompher de moi.

RHODOPE.

Joüissez de votre victoire.
Croyez-en mon amour qui répond à vos vœux,
Et me comble de gloire.

ESOPE.

Vous méritez de plus aimables nœuds.
C'est moi qu'il en faut croire.
(Ensemble.)
C'est moi qu'il en faut croire.

ESOPE.

D'un amour de caprice, un éternel chagrin,
Un secret repentir, seroient la triste fin.

Au

Au repos de vos jours j'immole ma tendreffe.
Mon amour en gémit ; tout mon cœur s'intéreffe
  A m'arrêter pour jamais en ce lieu.
  Avec quels traits, inéxorable Dieu ,
Viens-tu combattre ici ma fragile fageffe ?
Mais , duffai-je expirer du tourment qui me preffe.
      Belle Rhodope. ... Adieu. (*Xantus l'arrête.*)
        R H O D O P E (*en pleurs.*)
Vous m'évitez en vain, je vous fuivrai fans ceffe.
  Non, cruel, non, ce que je fens pour vous
    N'eft ni caprice ni foibleffe.
Votre feule vertu ranime ma tendreffe.
Vers la folide gloire elle éleve mon cœur,
Et bannit les erreurs qui troubloient ma jeuneffe.
        X A N T U S (*à Efope.*)
Cedez à des tranfports & fi beaux & fi doux,
  Quand un Rival lui-même vous en preffe.
La préférence ici n'a plus rien qui nous bleffe ;
Rhodope par fon choix fçait nous accorder tous.
    Nous ne devons être jaloux
      Que de votre fageffe.
  Cedez, cedez, Efope, rendez-vous,
    Vous la méritez mieux que nous.
      C H O E U R D E S A M A N S.
  Cedez, cedez, Efope, rendez-vous,
    Vous la méritez mieux que nous.
    R H O D O P E & E S O P E (*enfemble.*)
    Ef. Ah ! vous remportez la victoire.
    Rhod. Cedez, cedez-moi la victoire.
Ef. Enchaînez pour jamais votre prémier Amant.
Rhod. Rendez-moi tous les feux de mon prémier Amant.
        (*Enfemble.*)
    Aimons-nous toujours tendrement
    Pour éternifer notre gloire.

                              X A N-

XANTUS (*à Esope.*)

Goûte en paix l'heureux sort que t'accordent les Dieux:
  Je vais m'éloigner de ces lieux,
Satisfait, enchanté de ton bonheur extrême ,
Ton Hymen, ta vertu, me rendent à moi-même:
  Que la joye en partant signale mes adieux.

SCENE VII.

*Les Matelots qui doivent rendre Xantus à Athènes ,
suivis de leurs Maîtresses, forment
le divertissement.*

UN MATELOT & *sa Maîtresse.*

Aimons, aimons dans le bel âge.
Embarquons-nous sans crainte du naufrage,
  L'Amour prend soin de notre sort.
Partons, partons, goûtons les plaisirs du voyage ,
  En attendant les délices du port.

Le Chœur répete ces cinq derniers vers.

F I N.

APPROBATION.

J'AI lû par ordre de Monseigneur le Garde des Sceaux, *Rhodope*, *Comédie-Ballet*, & j'ai cru qu'on pouvoit en permettre l'impression. A Paris le 20. Mai 1735.

MAUNOIR.